Impressum
Verlag: BABADADA GmbH, Nedderfeld 112 , 22529 Hamburg
Geschäftsführer / Verlagsleitung: Harald Hof
Druck: Books on Demand GmbH, In de Tarpen 42, 22848 Norderstedt

Imprint
Publisher: BABADADA GmbH, Nedderfeld 112 , 22529 Hamburg, Germany
Managing Director / Publishing direction: Harald Hof
Print: Books on Demand GmbH, In de Tarpen 42, 22848 Norderstedt, Germany

škola

学校

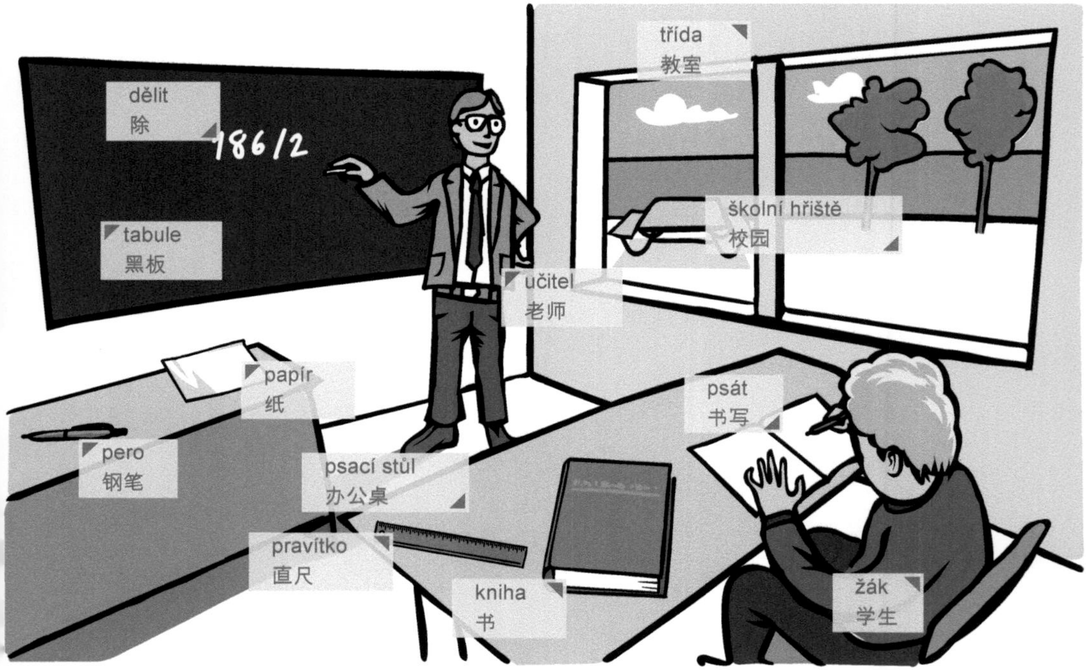

třída
教室
dělit
除
186/2
tabule
黑板
školní hřiště
校园
učitel
老师
papír
纸
psát
书写
pero
钢笔
psací stůl
办公桌
pravítko
直尺
kniha
书
žák
学生

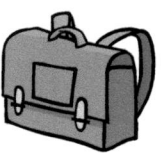

aktovka
书包

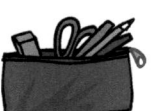

penál
铅笔盒

tužka
铅笔

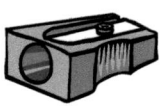

ořezávátko
卷笔刀

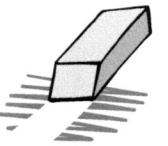

guma
橡皮擦

blok na kreslení
画板

výkres

图画

štětec

画笔

malířské potřeby

颜料盒

nůžky

剪刀

lepidlo

胶水

cvičebnice

练习册

domácí úkol

家庭作业

počet

数字

2+2

sčítat

加

5−2

odčítat

减

2×2

násobit

乘

počítat

计算

A

písmeno

字母

ABCDEFG
HIJKLMN
OPQRSTU
VWXYZ

abeceda

字母表

slovo

字

text

课文

číst

读

křída

粉笔

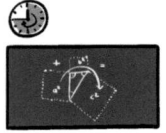

hodina

上课

třídní kniha

登记

zkouška

考试

vysvědčení

证书

školní uniforma

校服

vzdělání

教育

encyklopedie

百科全书

univerzita

大学

mikroskop

显微镜

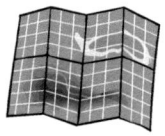

karta

地图

odpadkový koš na papír

废纸篓

cesta
旅行

hotel
酒店
Grand
ubytovna
青年旅社
ROOMS
směnárna
外币兑换处
EXCHANGE
kufr
手提箱
auto
汽车

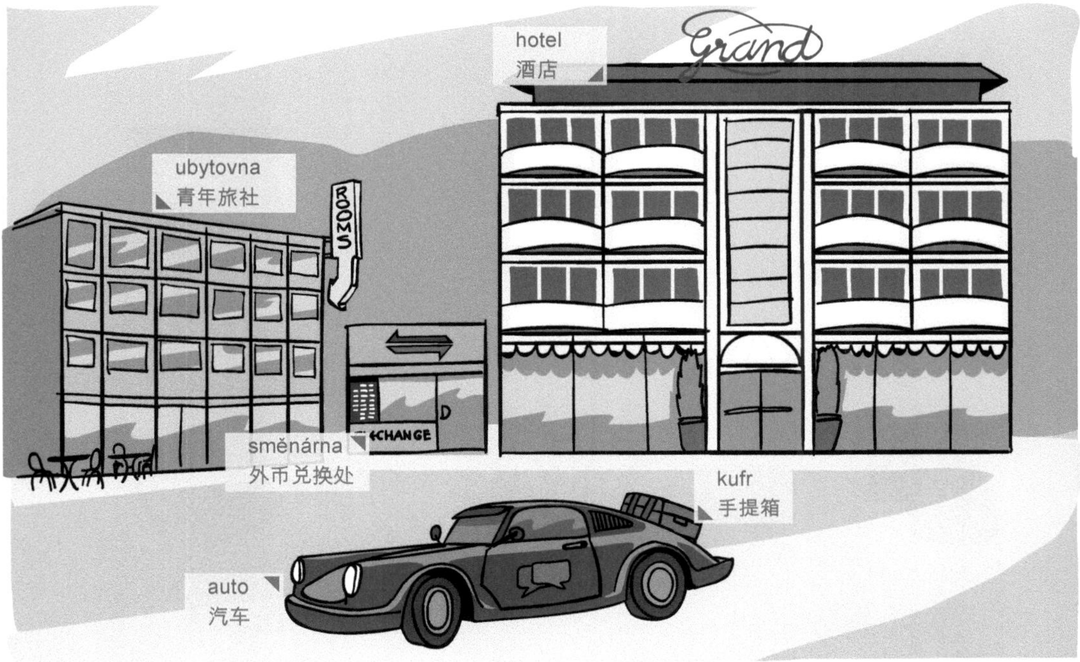

jazyk

语言

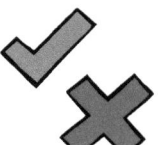

ano / ne

是/否

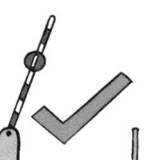

oukej

好的

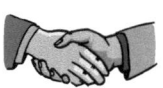

Ahoj!

您好

překladatel

翻译员

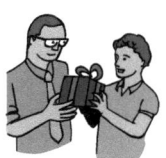

děkuji

谢谢

Kolik stojí...?

......多少钱？

nerozumím

我不明白

problém

问题

Dobrý večer!

晚上好！

Dobré ráno!

早上好！

Dobrou noc!

晚安！

na shledanou

再见

směr

方向

zavazadlo

行李

taška

包

batoh

双肩包

host

客人

pokoj

房间

spací pytel

睡袋

stan

帐篷

turistické informace

旅游信息

pláž

海滩

kreditní karta

信用卡

snídaně

早餐

oběd

午餐

večeře

晚餐

jízdenka

票

výtah

电梯

poštovní známka

邮票

hranice

边界

clo

海关

poselství

大使馆

vízum

签证

pas

护照

transport
交通运输

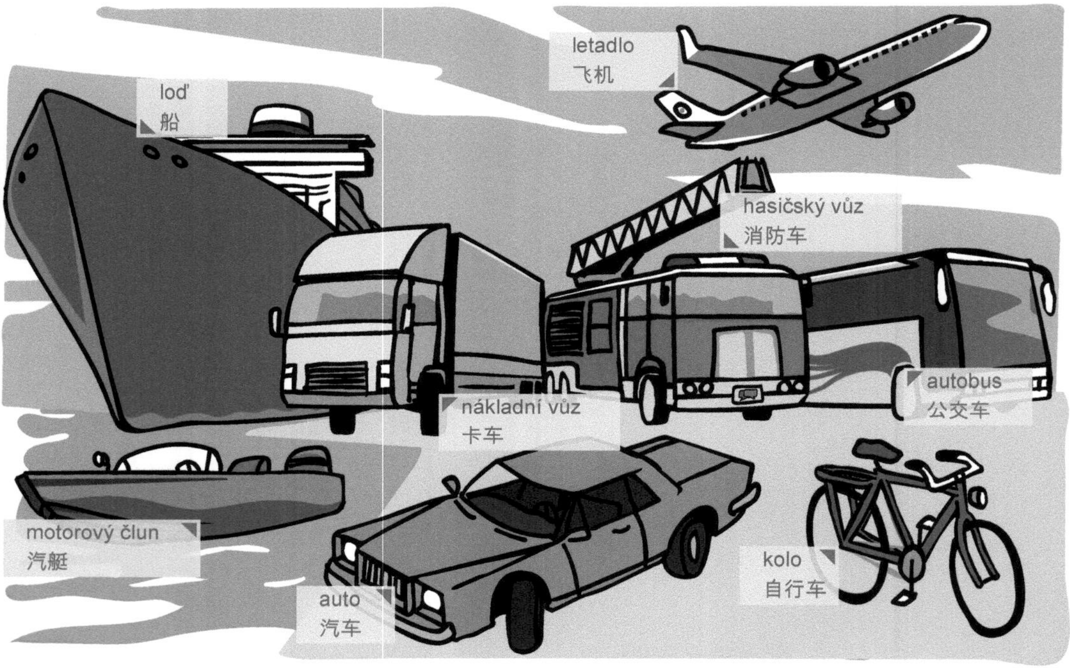

letadlo
飞机
loď
船
hasičský vůz
消防车
autobus
公交车
nákladní vůz
卡车
motorový člun
汽艇
kolo
自行车
auto
汽车

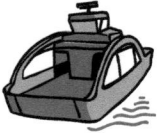

přívoz

摆渡船

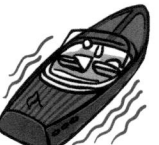

člun

小船

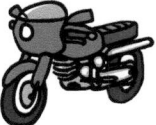

motorka

摩托车

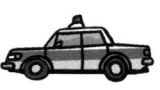

policejní auto

警车

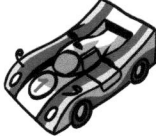

závodní auto

赛车

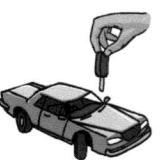

pronajaté auto

租车

sdílení aut

拼车

odtahová služba

拖车

popelářský vůz

垃圾车

motor

发动机

palivo

汽油

čerpací stanice

加油站

dopravní značka

交通标志

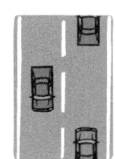

doprava

交通

dopravní zácpa

交通堵塞

parkoviště

停车场

vlakové nádraží

火车站

koleje

轨道

vlak

火车

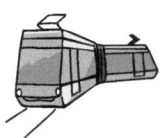

tramvaj

电车

vagón

货车

helikoptéra

直升机

letiště

机场

věž

塔

pasažér

乘客

kontejner

集装箱

kartón

纸板箱

trakař

手推车

koš

篮子

vzlétnout / přistát

起飞/降落

město
城市

vesnice

村庄

střed města

市中心

dům

房子

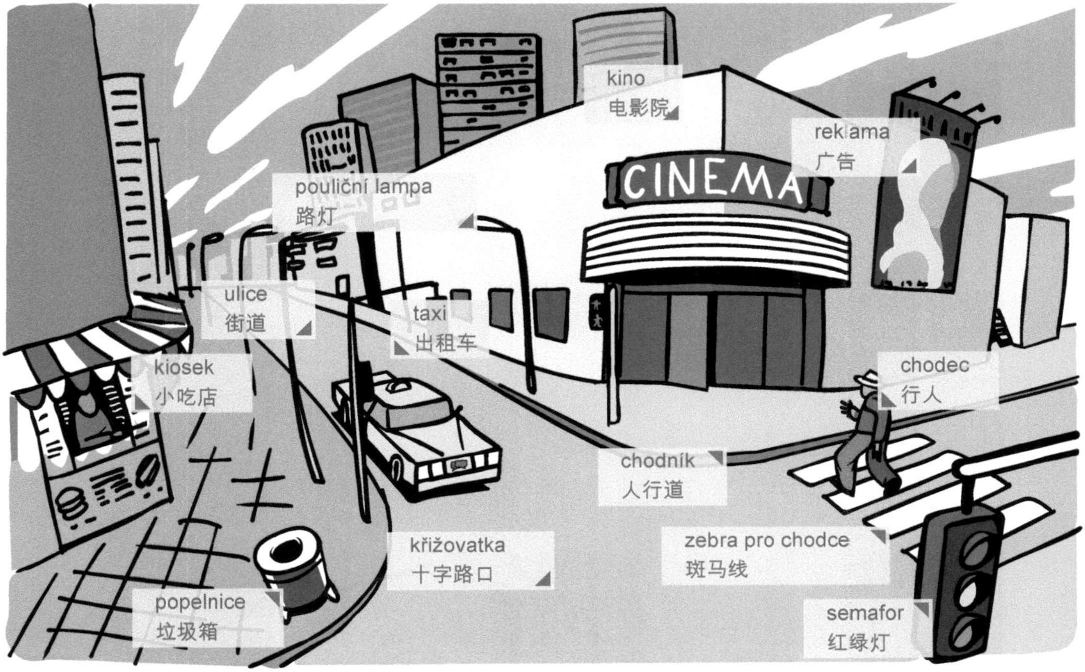
kino
电影院
CINEMA
reklama
广告
pouliční lampa
路灯
ulice
街道
taxi
出租车
kiosek
小吃店
chodec
行人
chodník
人行道
křižovatka
十字路口
zebra pro chodce
斑马线
popelnice
垃圾箱
semafor
红绿灯

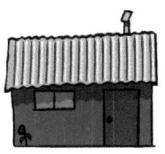

chata
小屋

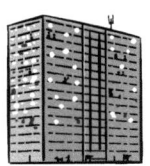

byt
公寓

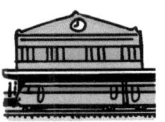

vlakové nádraží
火车站

radnice
市政厅

MUSEUM

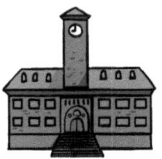

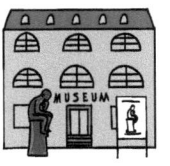

muzeum
博物馆

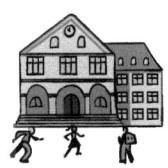

škola
学校

univerzita

大学

banka

银行

nemocnice

医院

hotel

酒店

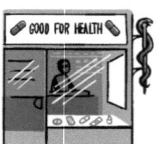

lékárna

药房

kancelář

办公室

knihkupectví

书店

obchod

商店

květinářství

花店

supermarket

超市

tržnice

市场

obchodní dům

百货商店

rybárna

鱼店

nákupní centrum

购物中心

přístav

海港

park

公园

lavička

长凳

most

桥

schody

楼梯

metro

地铁

tunel

隧道

autobusová zastávka

公交车站

bar

酒吧

restaurace

餐馆

poštovní schránka

邮筒

pouliční tabule

路标

parkovací hodiny

停车计时器

zoo

动物园

plovárna

游泳馆

mešita

清真寺

usedlost

农场

znečišťování životního prostředí

污染

hřbitov

基地

církev

教堂

hřiště

操场

chrám

寺庙

krajina
地形

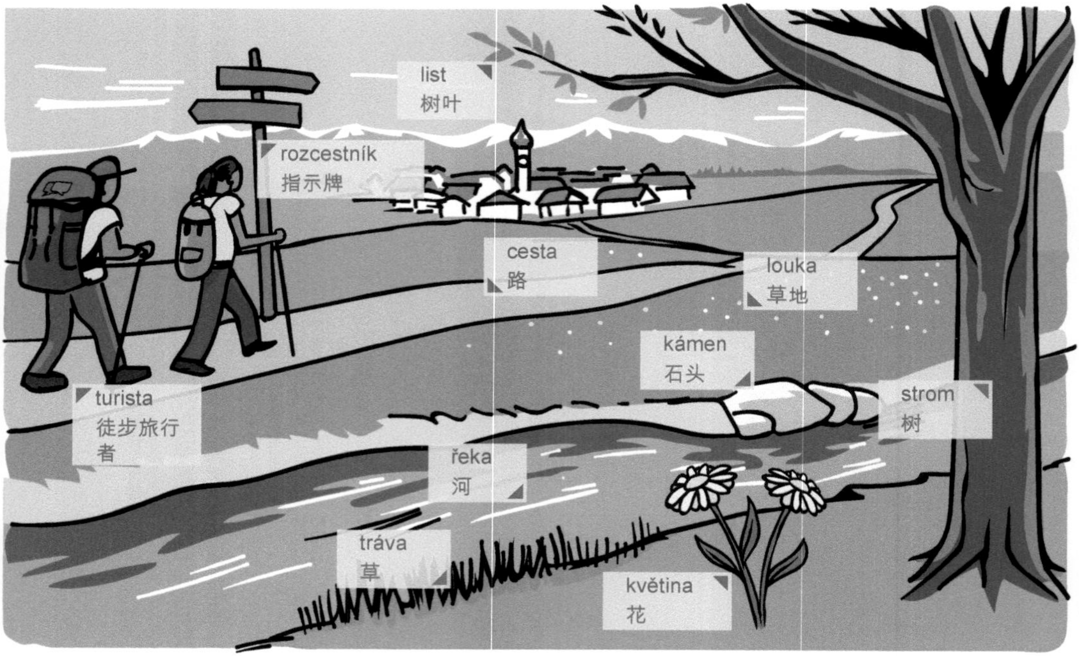

list
树叶

rozcestník
指示牌

cesta
路

louka
草地

kámen
石头

strom
树

turista
徒步旅行者

řeka
河

tráva
草

květina
花

údolí

峡谷

hora

山

jezero

湖

les

森林

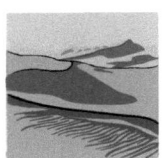

poušť

沙漠

sopka

火山

zámek

城堡

duha

彩虹

houba

蘑菇

palma

棕榈树

komár

蚊子

moucha

苍蝇

mravenec

蚂蚁

včela

蜜蜂

pavouk

蜘蛛

brouk

甲虫

žába

青蛙

veverka

松鼠

ježek

刺猬

zajíc

野兔

sova

猫头鹰

pták

鸟

labuť

天鹅

divoké prase

野猪

jelen

鹿

los

麋鹿

přehrada

水坝

větrné kolo

风力发电机

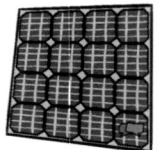

solární panel

太阳能电池板

podnebí

气候

restaurace
餐馆

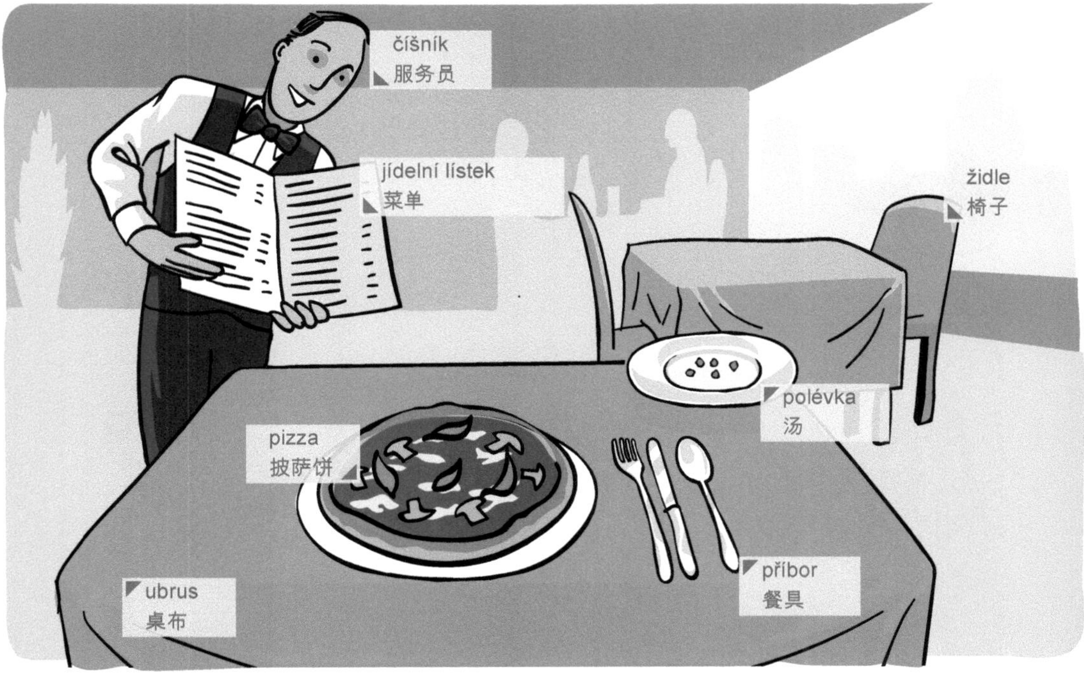

číšník
服务员
jídelní lístek
菜单
židle
椅子
polévka
汤
pizza
披萨饼
příbor
餐具
ubrus
桌布

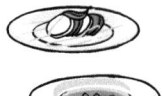

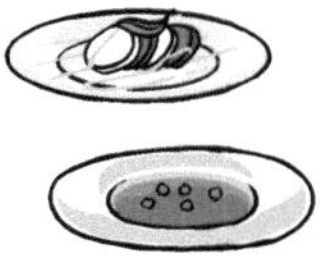

předkrm
前菜

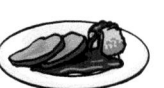

hlavní chod
主菜

dezert
甜点

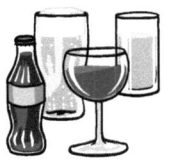

nápoje
饮料

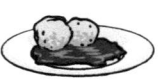

jídlo
食物

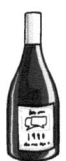

láhev
瓶子

rychlé občerstvení

快餐

pouliční občerstvení

街边小吃

čajová konvice

茶壶

cukřenka

糖盒

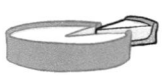

porce

一份饭菜

kávovar na espresso

意式咖啡机

dětská stolička

高脚椅

faktura

账单

tác

托盘

nůž

刀

vidlička

餐叉

lžíce

勺子

čajová lyžička

茶匙

ubrousek

餐巾

sklenička

玻璃杯

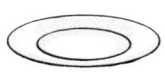

talíř
碟子

talíř na polévku
汤盘

podšálek
碟子

omáčka
酱

slánka
盐瓶

mlýnek na pepř
胡椒磨

ocet
醋

olej
食用油

koření
调味料

kečup
番茄酱

hořčice
芥末

majonéza
蛋黄酱

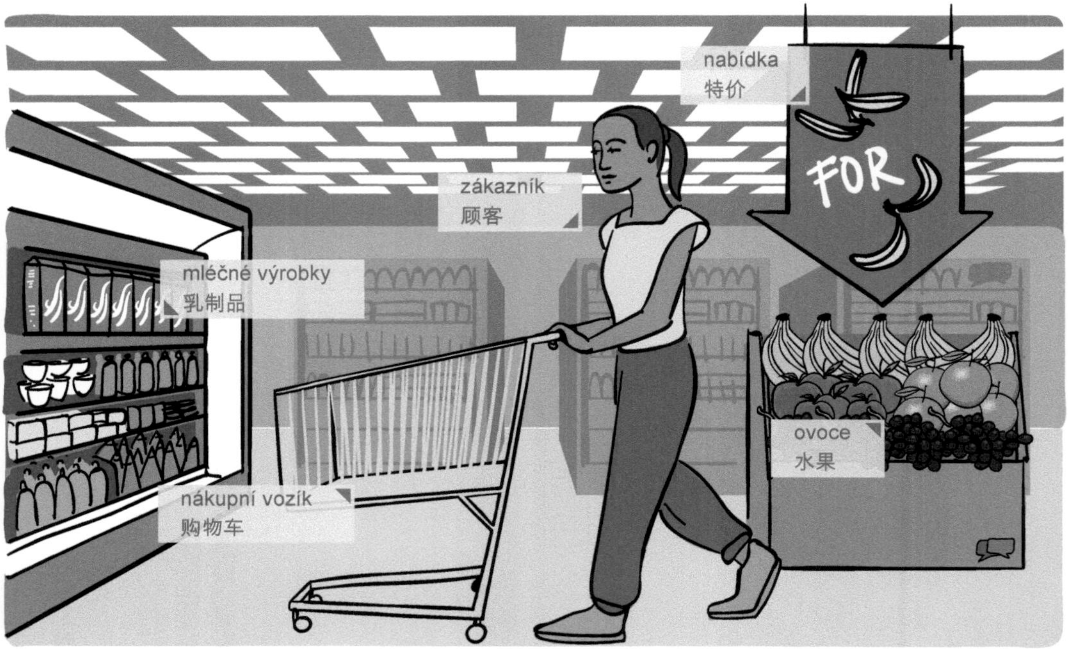

nabídka
特价
FOR
zákazník
顾客
mléčné výrobky
乳制品
ovoce
水果
nákupní vozík
购物车

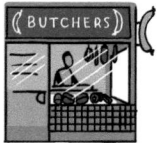

BUTCHERS

masna

肉铺

BAKERY

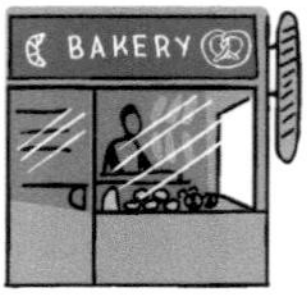

pekařství

面包房

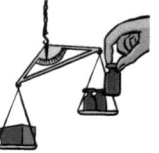

vážit

称重

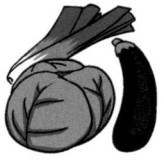

zelenina

蔬菜

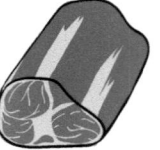

maso

肉

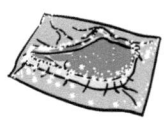

mražené potraviny

冷冻食品

obložený talíř

冷盘

konzervy

罐头食品

prací prášek

洗衣粉

cukrovinky

甜食

výrobky pro domácnost

日用品

čisticí prostředek

清洁用品

prodavačka

销售员

pokladna

收银机

pokladní

收银员

nákupní seznam

购物清单

otevírací doba

开放时间

peněženka

钱包

kreditní karta

信用卡

taška

袋子

igelitová taška

塑料袋

voda

水

džus

果汁

mléko

牛奶

kola

可乐

víno

红酒

pivo

啤酒

alkohol

酒

kakao

可可

čaj

茶

káva

咖啡

espresso

意式浓缩咖啡

kapučíno

卡布奇诺

banán

香蕉

jablko

苹果

pomeranč

橙子

meloun

西瓜

citrón

柠檬

mrkev

胡萝卜

česnek

大蒜

bambus

竹子

cibule

洋葱

houba

蘑菇

ořechy

坚果

těstoviny

面条

špageti

意大利面条

rýže

米饭

salát

沙拉

hranolky

薯条

americké brambory

炸土豆

pizza

披萨饼

hamburger

汉堡包

sendvič

三明治

řízek

炸猪排

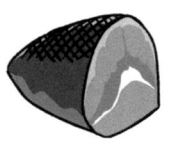

šunka

火腿

salám

萨拉米

salám

香肠

kuře

鸡肉

pečeně

烤肉

ryby

鱼

ovesné vločky

燕麦片

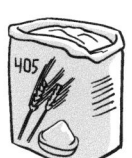

müsli

穆兹利

vločky

玉米片

mouka

面粉

croissant

羊角面包

houska

面包卷

chléb

面包

toast

烤面包

sušenky

饼干

máslo

黄油

tvaroh

凝乳

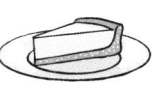

buchta

蛋糕

vejce

蛋

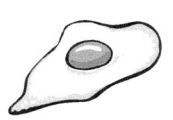

volské oko

煎蛋

sýr

奶酪

zmrzlina

冰激凌

cukr

糖

med

蜂蜜

marmeláda

果酱

nugátový krém

巧克力酱

kari

咖喱饭

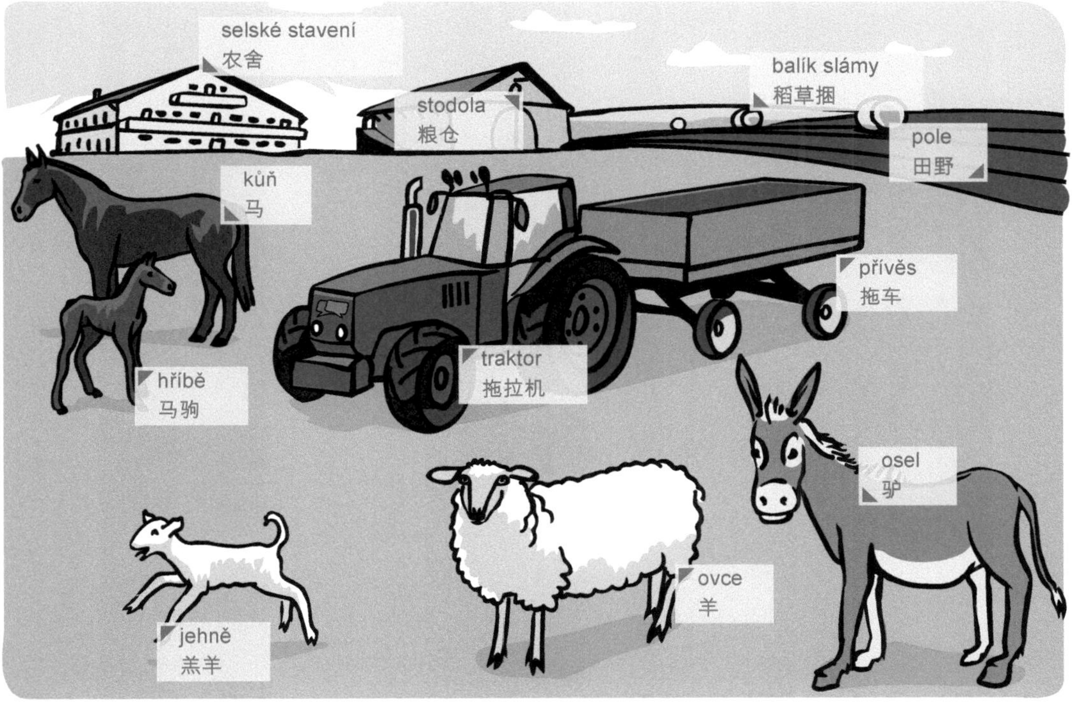

selské stavení
农舍

stodola
粮仓

balík slámy
稻草捆

pole
田野

kůň
马

přívěs
拖车

traktor
拖拉机

hříbě
马驹

osel
驴

jehně
羔羊

ovce
羊

koza

山羊

kráva

奶牛

tele

牛犊

prase

猪

sele

小猪

býk

公牛

husa

鹅

kachna

鸭

kuře

小鸡

slepice

母鸡

kohout

公鸡

krysa

鼠

kočka

猫

myš

老鼠

vůl

牛

pes

狗

psí bouda

狗屋

zahradní hadice

花园浇水软管

kropicí konev

洒水壶

kosa

长柄大镰刀

pluh

犁

srp

镰刀

motyka

锄头

vidle

长柄草耙

sekera

斧头

kolecko

独轮手推车

koryto

饲料槽

konev na mléko

牛奶罐

pytel

麻布袋

plot

栅栏

stáj

马厩

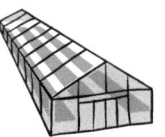

skleník

温室

půda

土壤

osivo

种子

hnojivo

肥料

kombajn

联合收割机

sklidit

收割

sklizeň

收割

smldinec

山药

pšenice

小麦

sója

大豆

brambora

土豆

kukuřice

玉米

řepka

油菜籽

ovocný strom

果树

maniok

树薯

obilí

谷物

dům
房子

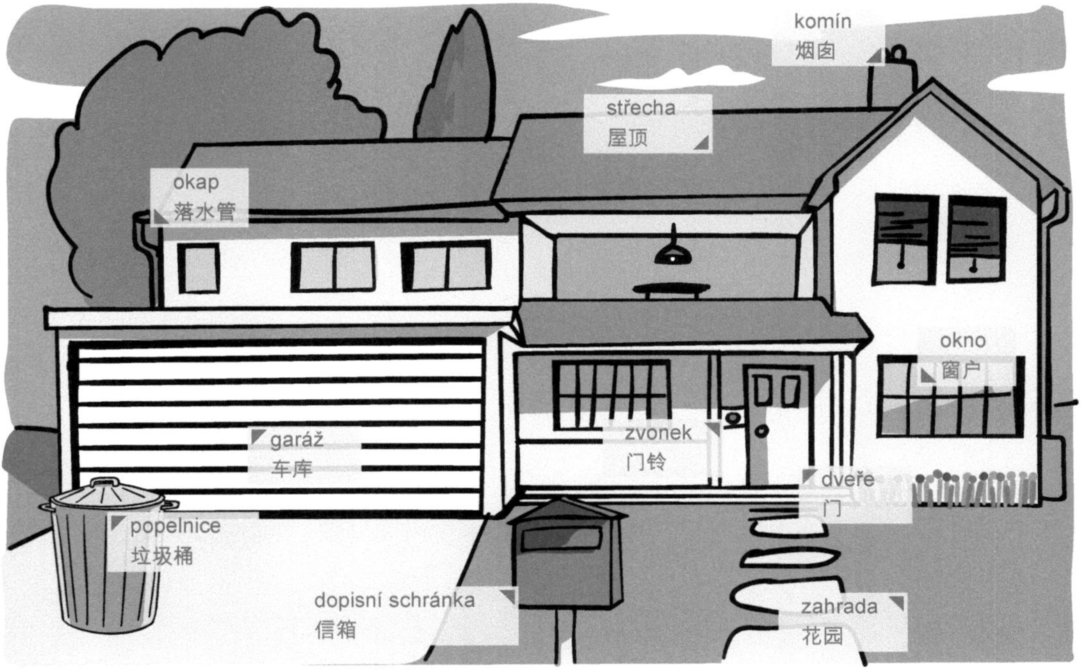
komín
烟囱
střecha
屋顶
okap
落水管
okno
窗户
garáž
车库
zvonek
门铃
dveře
门
popelnice
垃圾桶
dopisní schránka
信箱
zahrada
花园

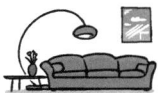

obývací pokoj

客厅

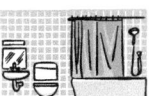

koupelna

浴室

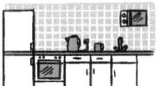

kuchyně

厨房

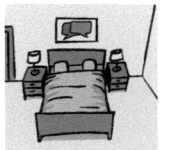

ložnice

卧室

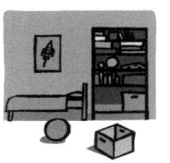

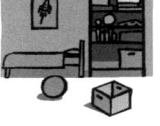

dětský pokoj

儿童房

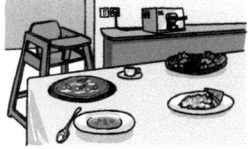

jídelna

餐厅

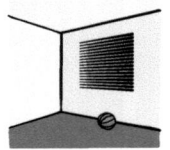

podlaha

地板

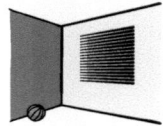

zeď

墙壁

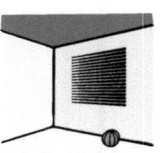

deka

吊顶

sklep

地窖

sauna

桑拿

balkón

阳台

terasa

露台

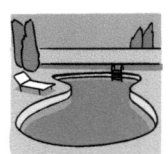

bazén

游泳池

sekačka na trávu

割草机

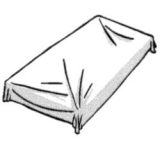

ložní prádlo

被单

lůžková přikrývka

床罩

postel

床

smeták

扫帚

kýbl

水桶

vypínač

开关

obývací pokoj

客厅

tapeta
壁纸
obrázek
照片
žárovka
台灯
police
搁架
skříň
橱柜
televizor
电视机
komín
壁炉
květina
花
polštář
垫子
gauč
沙发
váza
花瓶
dálkový ovladač
遥控器

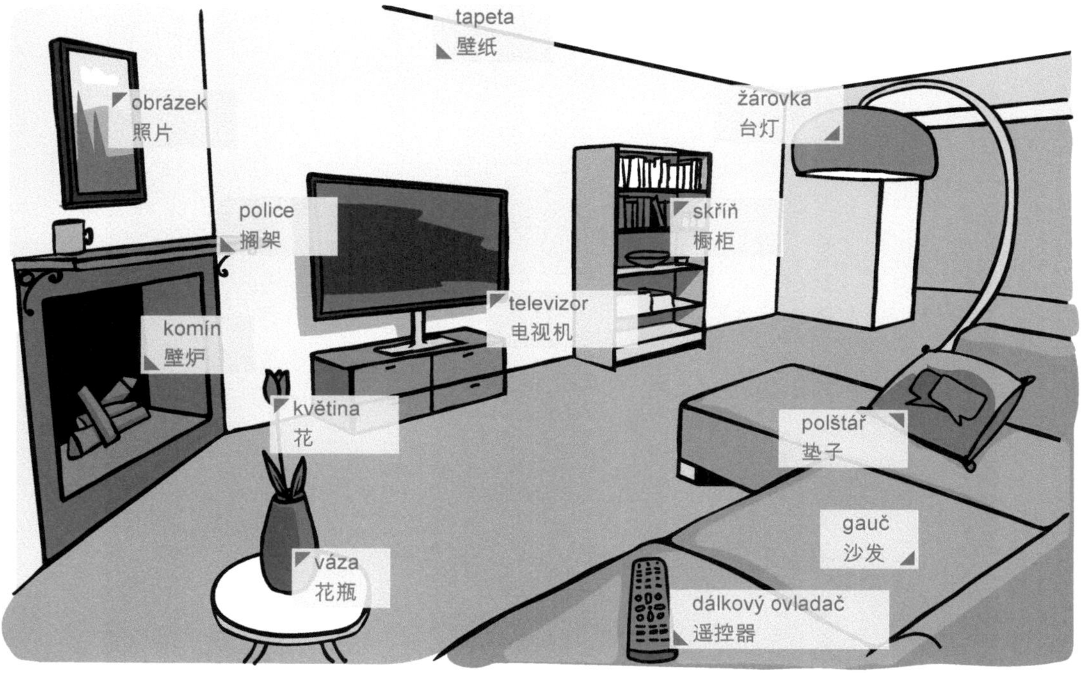

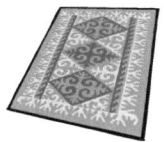

koberec

地毯

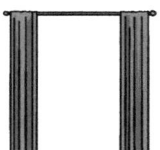

závěs

窗帘

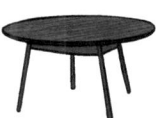

stůl

餐桌

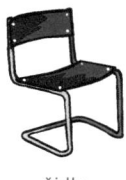

židle

椅子

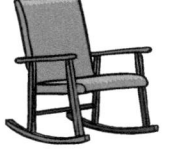

houpací křeslo

摇椅

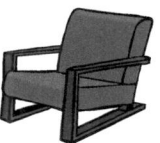

křeslo

扶手椅

kniha

书

strop

毯子

ozdoba

装饰品

palivové dříví

木柴

film

电影

stereo souprava

高保真音响

klíč

钥匙

noviny

报纸

malba

油画

plakát

海报

rádio

收音机

poznámkový blok

笔记本

vysavač

吸尘器

kaktus

仙人掌

svíce

蜡烛

kuchyně
厨房

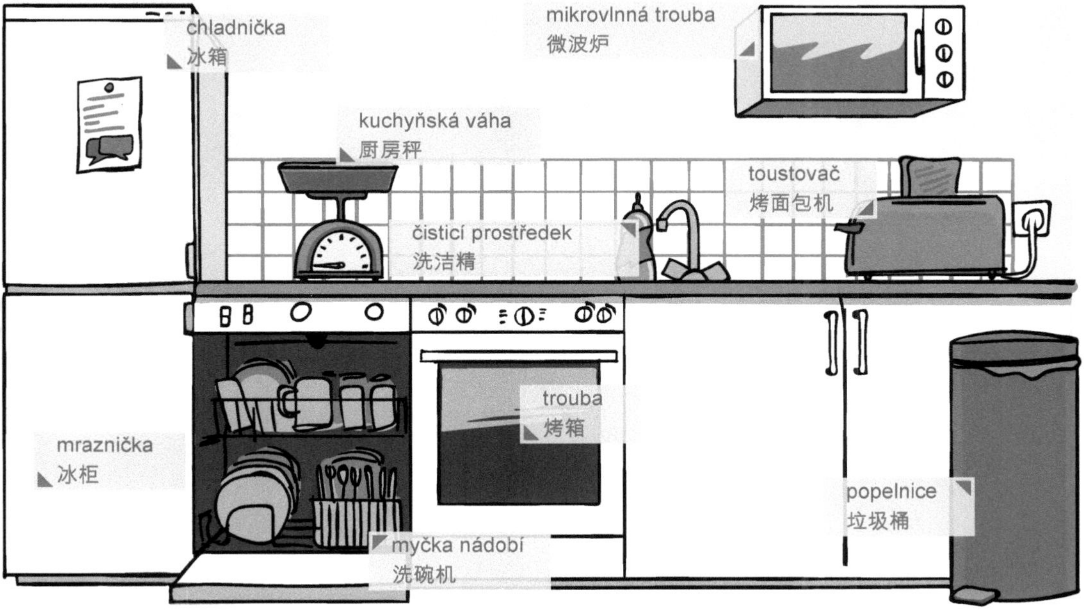
chladnička
冰箱
mikrovlnná trouba
微波炉
kuchyňská váha
厨房秤
toustovač
烤面包机
čisticí prostředek
洗洁精
trouba
烤箱
mraznička
冰柜
popelnice
垃圾桶
myčka nádobí
洗碗机

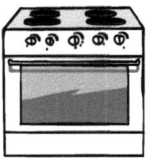

sporák
炊具

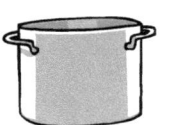

hrnec
锅

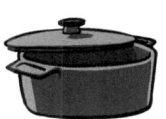

litinový hrnec
铸铁锅

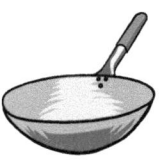

wok / kadai
炒锅

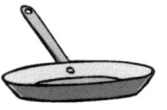

pánev
平底锅

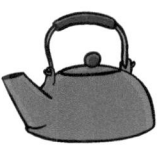

varná konvice
水壶

parní hrnec

蒸锅

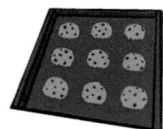

plech na pečení

烤盘

nádobí

陶瓷锅

hrnek

马克杯

miska

碗

jídelní hůlky

筷子

naběračka

长柄勺

obracečka

铲子

metla

搅拌器

síto

滤网

cedník

筛子

struhadlo

磨碎机

hmoždíř

研钵

gril

烧烤

ohniště

明火

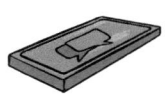

prkénko na krájení
菜板

váleček na těsto
擀面杖

vývrtka
开瓶器

dóza
罐子

otvírák na konzervy
开罐器

chňapka
隔热手套

umyvadlo
水槽

kartáč na nádobí
刷子

houba
海绵

mixér
搅拌机

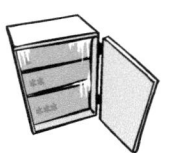

mrazák
冷藏箱

dětská lahev
奶瓶

kohoutek
水龙头

koupelna
浴室

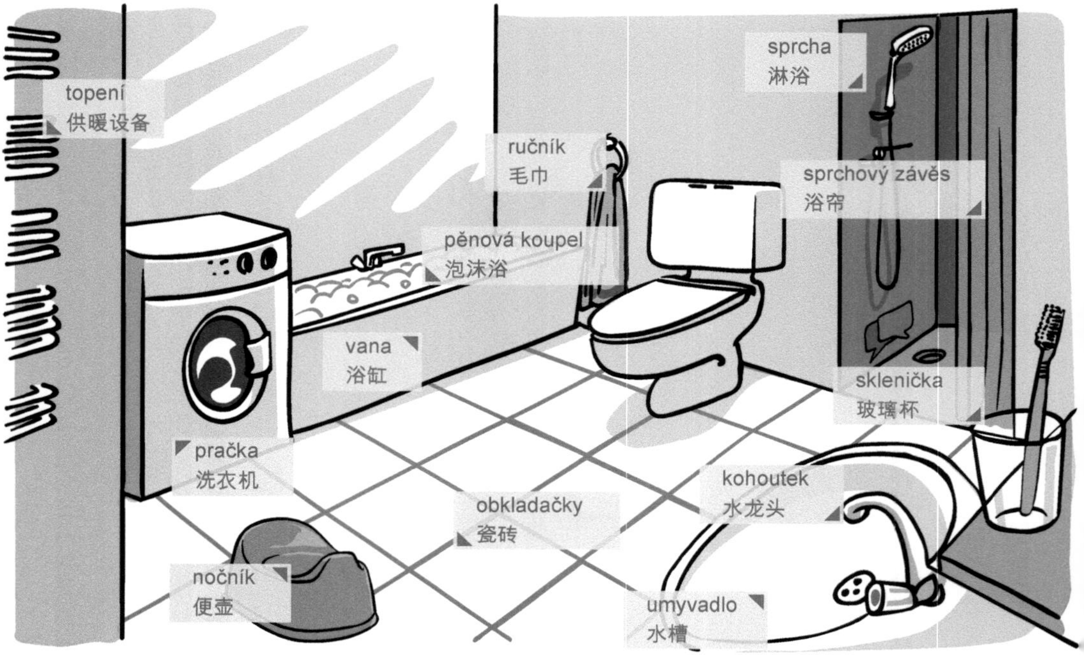

sprcha
淋浴
topení
供暖设备
ručník
毛巾
sprchový závěs
浴帘
pěnová koupel
泡沫浴
vana
浴缸
sklenička
玻璃杯
pračka
洗衣机
kohoutek
水龙头
obkladačky
瓷砖
nočník
便壶
umyvadlo
水槽

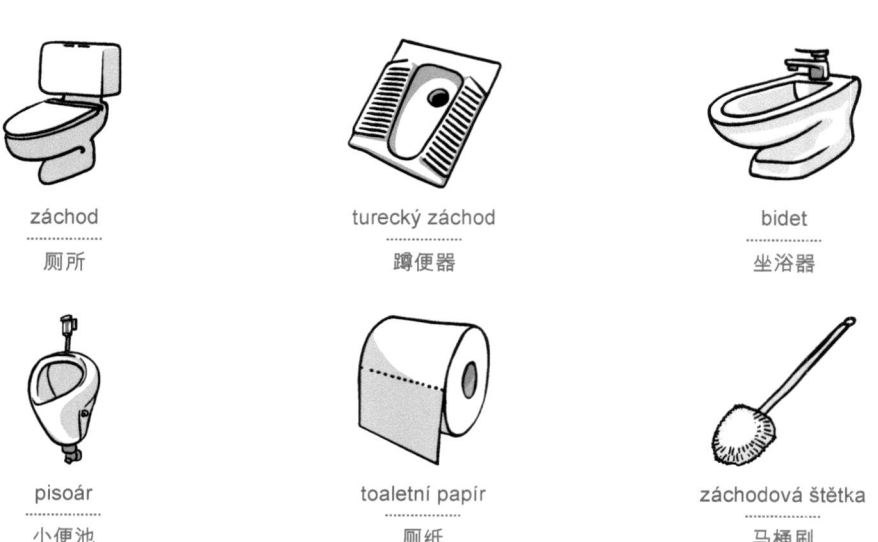

záchod

厕所

turecký záchod

蹲便器

bidet

坐浴器

pisoár

小便池

toaletní papír

厕纸

záchodová štětka

马桶刷

zubní kartáček

牙刷

zubní pasta

牙膏

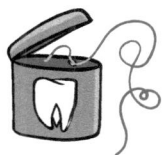

zubní niť

牙线

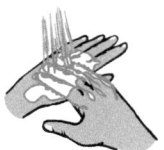

mýt

洗

ruční sprcha

手持式喷淋头

intimní sprcha

冲洗器

umyvadlo

洗脸盆

kartáč na záda

擦背刷

mýdlo

肥皂

sprchový gel

沐浴露

šampón

洗发水

žínka

法兰绒

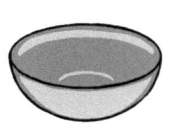

odpad

排水

krém

乳霜

deodorant

除臭剂

zrcadlo

镜子

kosmetické zrcátko

手镜

holicí strojek

剃须刀

pěna na holení

剃须泡沫

voda po holení

须后水

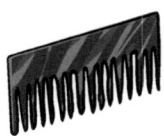

hřeben

梳子

kartáč

刷子

fén

吹风机

lak na vlasy

喷发定型剂

makeup

化妆品

rtěnka

唇膏

lak na nehty

指甲油

vata

化妆棉

nůžky na nehty

指甲剪

parfém

香水

taška s toaletními potřebami

洗漱包

stolička

凳子

váha

计重秤

župan

浴袍

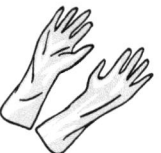

gumové rukavice

橡胶手套

tampón

卫生棉条

dámská vložka

卫生巾

chemická toaleta

化学厕所

dětský pokoj

儿童房

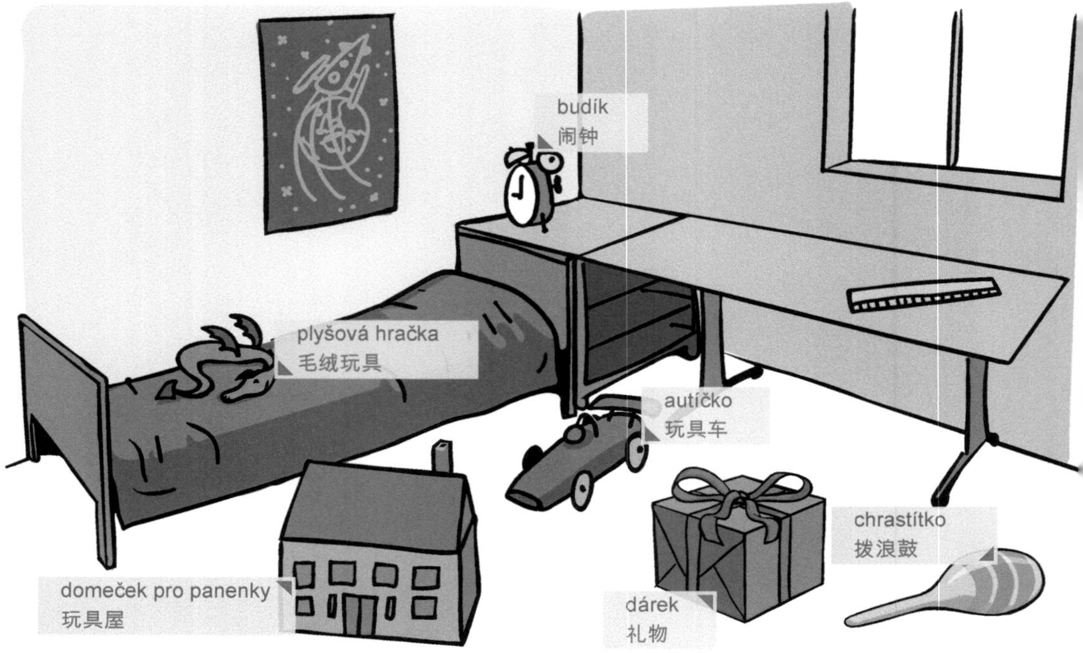

budík
闹钟
plyšová hračka
毛绒玩具
autíčko
玩具车
chrastítko
拨浪鼓
domeček pro panenky
玩具屋
dárek
礼物

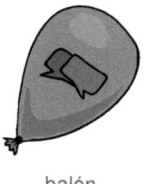

balón

气球

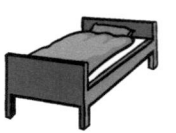

postel

床

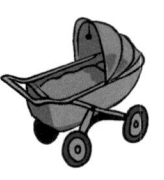

kočárek

（洋娃娃用）婴儿车

balíček karet

扑克牌

puzzle

拼图

SUPER MEGA

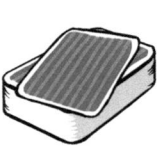

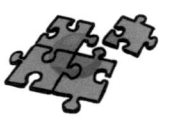

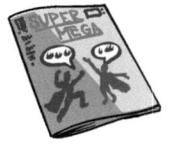

komiks

漫画

lego kostky

乐高积木

stavebnice

积木玩具

akční figurka

玩具人

dupačky

婴儿服

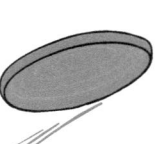

frisbee

飞盘

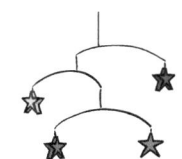

závěsné hračky nad
postýlku

床铃玩具

desková hra

棋盘游戏

kostky

骰子

modelová železnice

火车模型

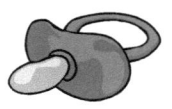

dudlík

安抚奶嘴

oslava

聚会

obrázková kniha

绘本

míč

球

panenka

洋娃娃

hrát si

玩

pískoviště

沙坑

houpačka

秋千

hračky

玩具

hrací konzole

游戏机

tříkolka

三轮车

medvídek

泰迪熊

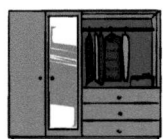

šatník

衣柜

oblečení

衣服

ponožky

袜子

punčochy

长袜

punčochové kalhoty

紧身裤

šála
围巾

deštník
雨伞

tričko
T恤

pásek
皮带

kozačky
靴子

domácí obuv
拖鞋

tenisky
运动鞋

sandály
凉鞋

obuv
鞋

holínky
雨靴

spodní prádlo
内裤

podprsenka
胸罩

nátělník
背心

body

身体

kalhoty

裤子

džíny

牛仔裤

sukně

短裙

blůza

女式衬衫

košile

衬衫

svetr

套头衫

mikina

卫衣

blejzr

西装夹克

bunda

夹克

kabát

外套

pláštěnka

雨衣

kostým

套装

šaty

连衣裙

svatební šaty

婚纱

oblek

西装

noční košile

睡袍

pyžamo

睡衣

sárí

莎丽

šátek na hlavu

头巾

turban

包头巾

burka

波卡

kaftan

卡夫坦

abája

(阿拉伯式)长袍

plavky

泳衣

pánské plavky

男式泳裤

kraťasy

短裤

tepláková souprava

运动服

zástěra

围裙

rukavice

手套

knoflík

纽扣

brýle

眼镜

náramek

手链

náhrdelník

项链

prsten

戒指

náušnice

耳环

čepice

便帽

ramínko

衣架

klobouk

帽子

kravata

领带

zip

拉链

helma

头盔

kšandy

背带

školní uniforma

校服

uniforma

制服

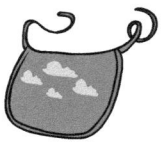

bryndák

围兜

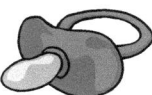

dudlík

安抚奶嘴

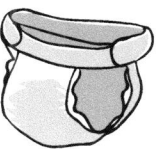

plena

尿不湿

kancelář

办公室

server
服务器
kartotéka
文件柜
tiskárna
打印机
papír
纸
monitor
显示屏
psací stůl
办公桌
myš
鼠标
šanon
文件夹
klávesnice
键盘
odpadkový koš na papír
废纸筐
počítač
电脑
židle
椅子

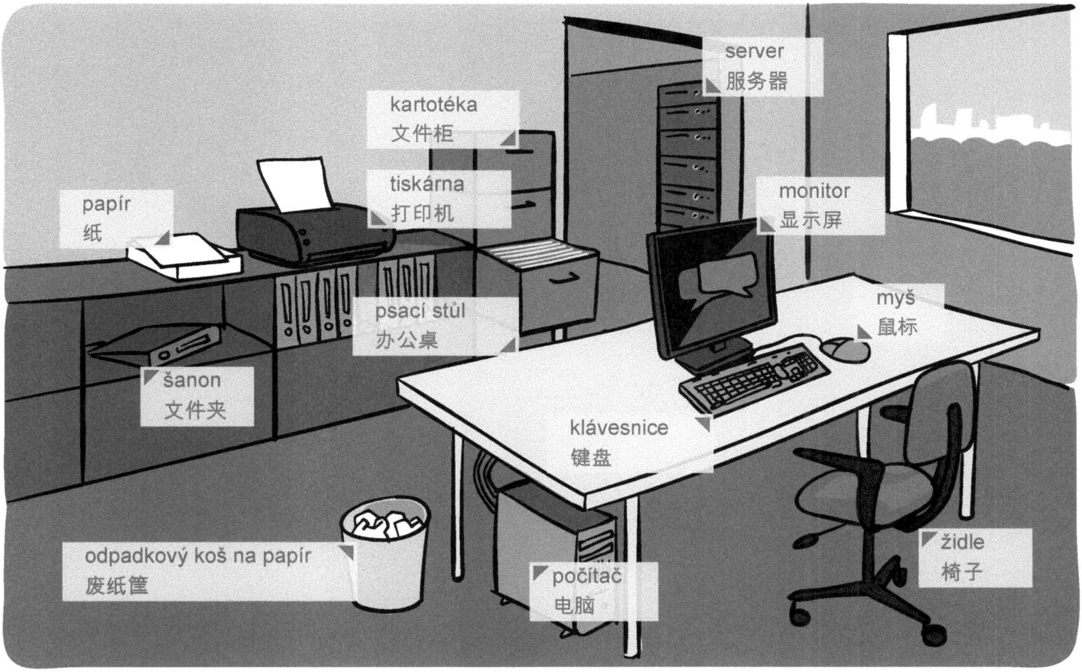

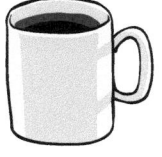

hrnek na kávu

咖啡杯

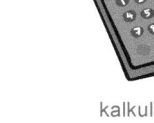

kalkulačka

计算器

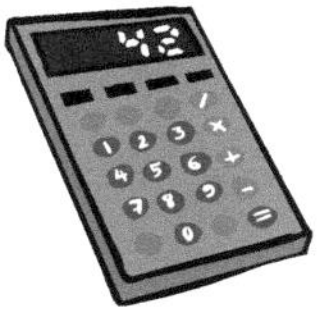

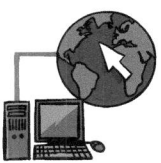

internet

因特网

notebook

笔记本电脑

dopis

信件

zpráva

消息

mobil

手机

síť

网络

kopírka

复印机

software

软件

telefon

电话

zásuvka

插座

fax

传真机

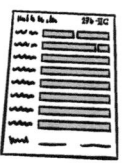

formulář

表格

dokument

文件

nakupovat

买

zaplatit

付钱

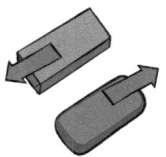

jednat

交易

peníze

现金

dolar

美元

euro

欧元

jen

日元

rubl

卢布

frank

瑞士法郎

juan

人民币

rupie

卢比

bankomat

提款处

směnárna

外币兑换处

zlato

金

stříbro

银

olej

石油

energie

能源

cena

价格

smlouva

合同

daň

税金

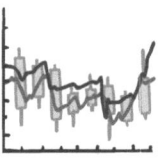

akcie

股票

pracovat

工作

zaměstnanec

职员

zaměstnavatel

老板

továrna

工厂

obchod

商店

povolání
职业

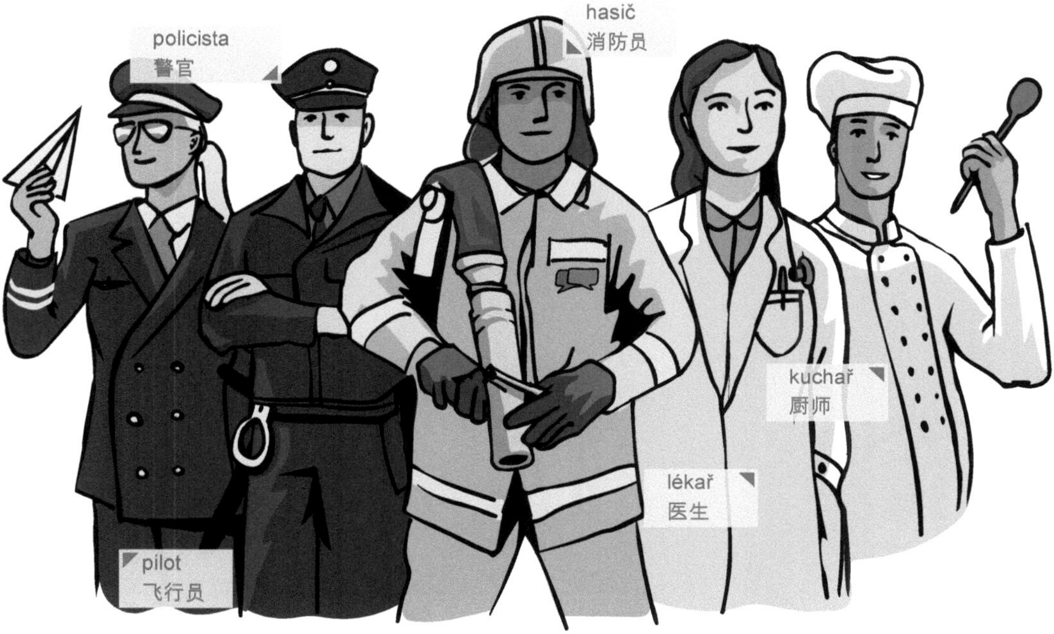

policista
警官
hasič
消防员
kuchař
厨师
lékař
医生
pilot
飞行员

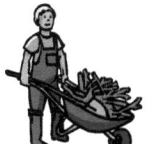

zahradník

园丁

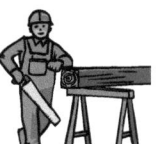

truhlář

木匠

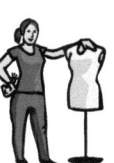

švadlena

裁缝

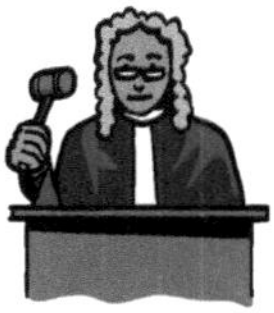

soudce

法官

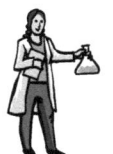

chemik

化学家

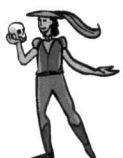

herec

演员

řidič autobusu

公交车司机

řidič taxi

出租车司机

rybář

渔夫

uklízečka

清洁女工

pokrývač

屋顶工

číšník

服务员

myslivec

猎人

malíř

画家

pekař

面包师

elektrikář

电工

stavební dělník

建筑工人

inženýr

工程师

řezník

屠夫

klempíř

水管工

listonoš

邮递员

voják

士兵

architekt

建筑师

pokladní

收银员

florista

花农

kadeřník

理发师

průvodčí

售票员

mechanik

机械师

kapitán

船长

zubař

牙医

vědec

科学家

rabín

拉比

imám

伊玛目

mnich

和尚

duchovní

牧师

nářadí
工具

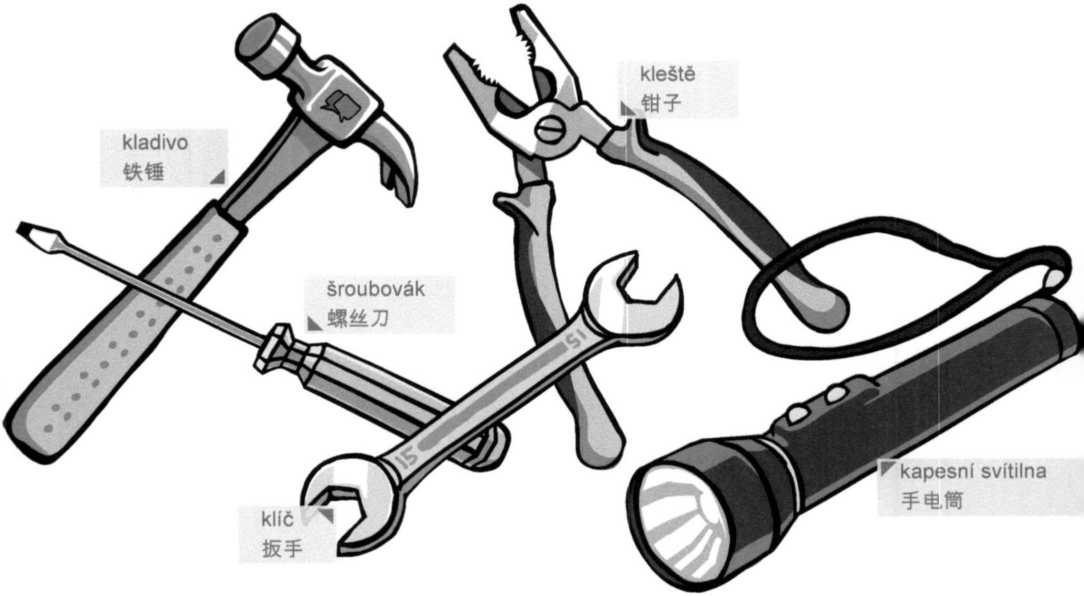

kladivo
铁锤
kleště
钳子
šroubovák
螺丝刀
klíč
扳手
kapesní svítilna
手电筒

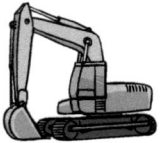

bagr
挖掘机

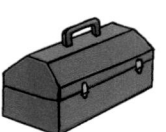

skříň na nářadí
工具箱

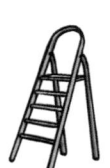

žebřík
梯子

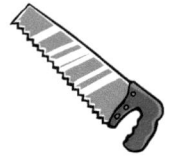

pila
锯子

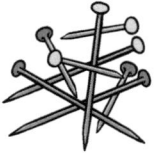

hřebíky
钉子

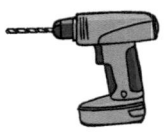

vrtačka
钻机

opravit

修

lopata

铲子

Kurva!

靠！

lopatka

簸箕

vědroé na barvu

油漆桶

šrouby

螺丝

hudební nástroje
乐器

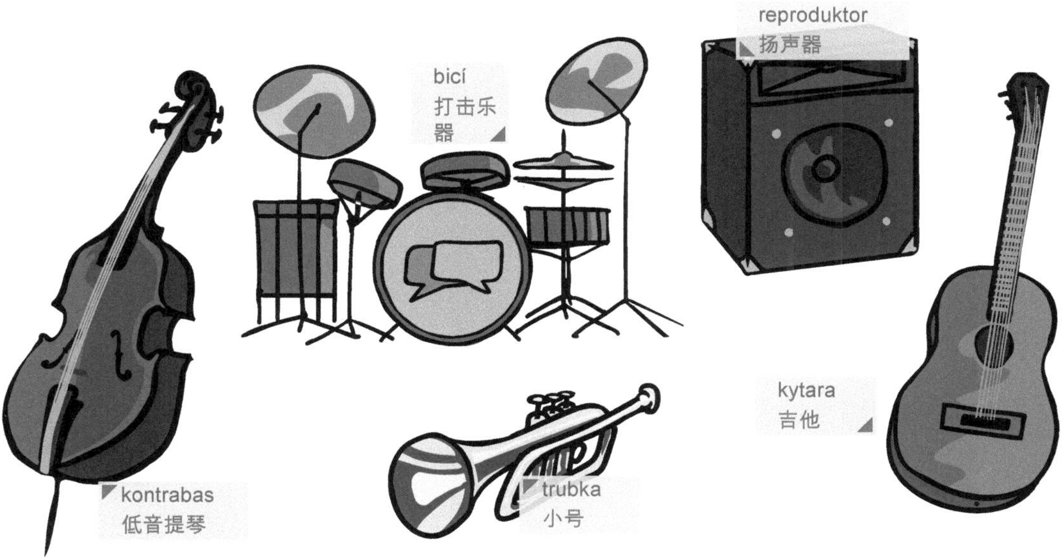

reproduktor
扬声器

bicí
打击乐
器

kytara
吉他

kontrabas
低音提琴

trubka
小号

klavír

钢琴

housle

小提琴

basa

贝斯

tympán

定音鼓

bubny

鼓

keyboard

电子琴

saxofon

萨克斯管

flétna

长笛

mikrofon

麦克风

ZOO
动物园

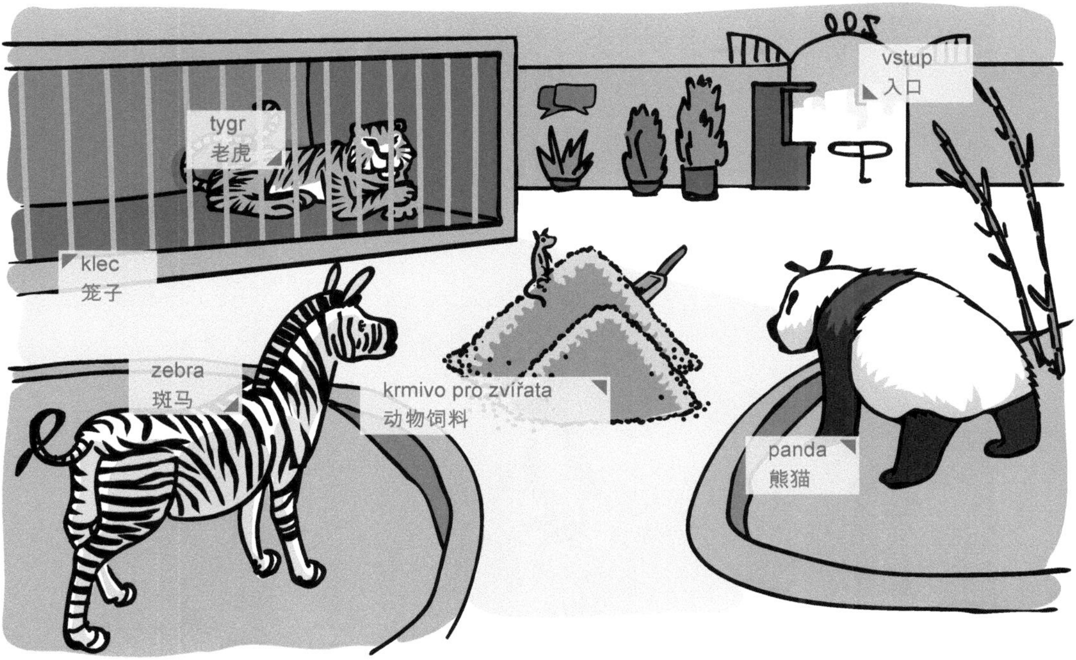
vstup
入口
tygr
老虎
klec
笼子
zebra
斑马
krmivo pro zvířata
动物饲料
panda
熊猫

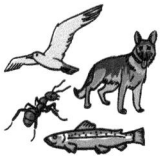

zvířata

动物

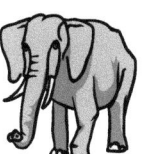

slon

大象

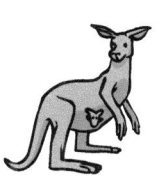

klokan

袋鼠

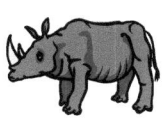

nosorožec

犀牛

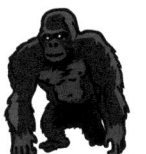

gorila

大猩猩

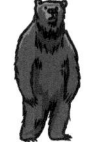

medvěd

熊

velbloud

骆驼

pštros

鸵鸟

lev

狮子

opice

猴子

plameňák

火烈鸟

papoušek

鹦鹉

lední medvěd

北极熊

tučňák

企鹅

žralok

鲨鱼

páv

孔雀

had

蛇

krokodýl

鳄鱼

ošetřovatel zvířat

动物园管理员

tuleň

海豹

jaguár

美洲豹

poník

矮种马

leopard

豹

hroch

河马

žirafa

长颈鹿

orel

老鹰

divoké prase

野猪

ryby

鱼

želva

龟

mrož

海象

liška

狐狸

gazela

羚羊

americký fotbal
橄榄球

cyklistika
骑自行车

tenis
网球

košíková
篮球

plavání
游泳

box
拳击

lední hokej
冰球

kopaná
英式足球

badminton
羽毛球

lehká atletika
田径

házená
手球

běh na lyžích
滑雪

vodní pólo
马球

skočit
跳

objímat
拥抱

smát se
笑

jít
走路

zpívat
唱

modlit se
祈祷

políbit
亲吻

snít
做梦

psát

书写

kreslit

画

ukazovat

展示

tlačit

推

dát

给

vzít si

拿

aktivity - 活动　　　　63

mít

有

dělat

做

být

当

stát

站

běhat

跑

táhnout

拉

hodit

扔

padat

摔倒

ležet

躺

čekat

等待

nosit

携带

sedět

坐

oblékat

穿衣

spát

睡觉

vzbudit se

醒来

prohlédnout si

看

plakat

哭

pohladit

抚摸

česat

梳头

hovořit

交谈

rozumět

明白

ptát se

问

slyšet

听

pít

喝

jíst

吃

uklidit

清理

milovat

爱

vařit

做饭

jet

开车

letět

飞

plachtit

航行

počítat

计算

číst

读

učit se

学习

pracovat

工作

vzít si

结婚

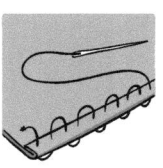

šít

缝

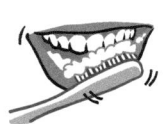

čistit si zuby

刷牙

zabít

杀

kouřit

抽烟

poslat

寄

babička
祖母

dědeček
祖父

otec
父亲

matka
母亲

dítě
婴童

dcera
女儿

syn
儿子

host

客人

teta

阿姨

strýc

叔叔

bratr

兄弟

sestra

姐妹

tělo
身体

čelo
前额
oko
眼睛
obličej
脸
brada
下巴
hruď
乳房
prst
手指
ruka
手
paže
手臂
rameno
肩膀
dolní končetina
腿

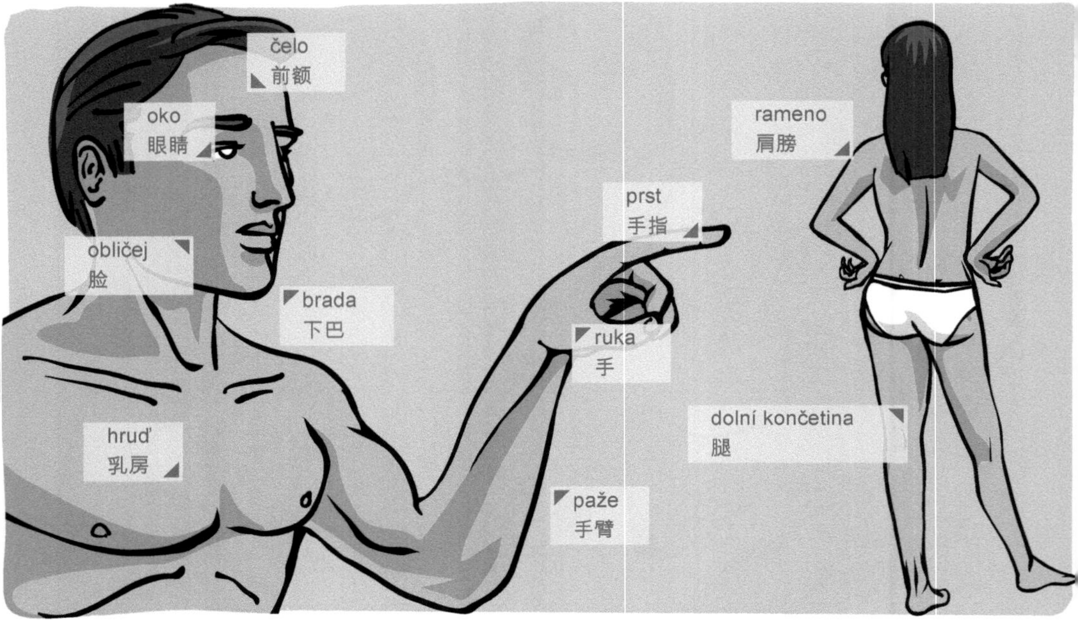

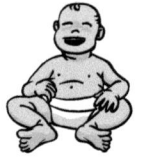

dítě
婴童

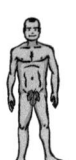

muž
男人

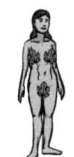

žena
女人

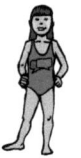

dívka
女孩

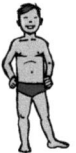

chlapec
男孩

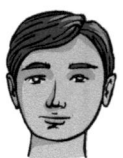

hlava
头

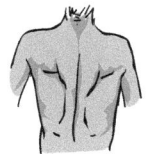

záda
背部

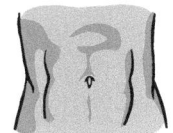

břicho
肚子

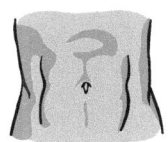

pupík
肚脐

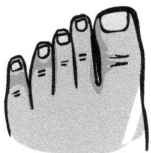

prst na noze
脚趾

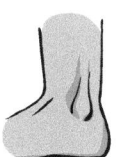

pata
脚后跟

kost
骨头

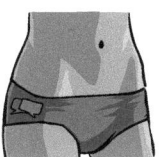

bok
臀部

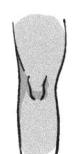

koleno
膝盖

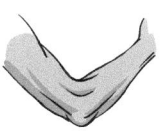

loket
手肘

nos
鼻子

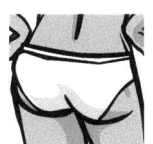

zadek
屁股

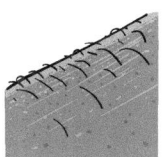

kůže
皮肤

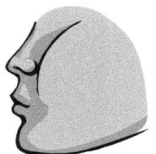

tvář
脸颊

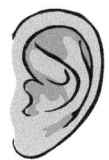

ucho
耳朵

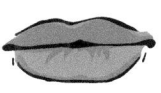

ret
嘴唇

ústa

嘴

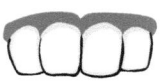

zub

牙齿

jazyk

舌头

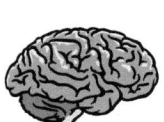

mozek

脑

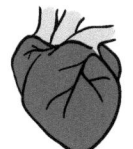

srdce

心脏

sval

肌肉

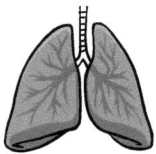

plíce

肺

játra

肝脏

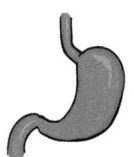

žaludek

胃

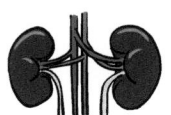

ledviny

肾脏

pohlavní styk

性交

kondom

避孕套

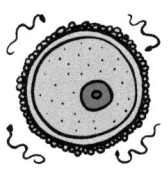

vajíčko

卵子

sperma

精子

těhotenství

怀孕

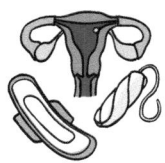

menstruace

月经

vagina

阴道

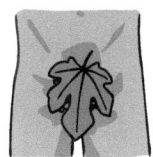

penis

阴茎

obočí

眉毛

vlasy

头发

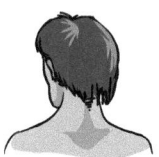

krk

脖子

nemocnice

医院

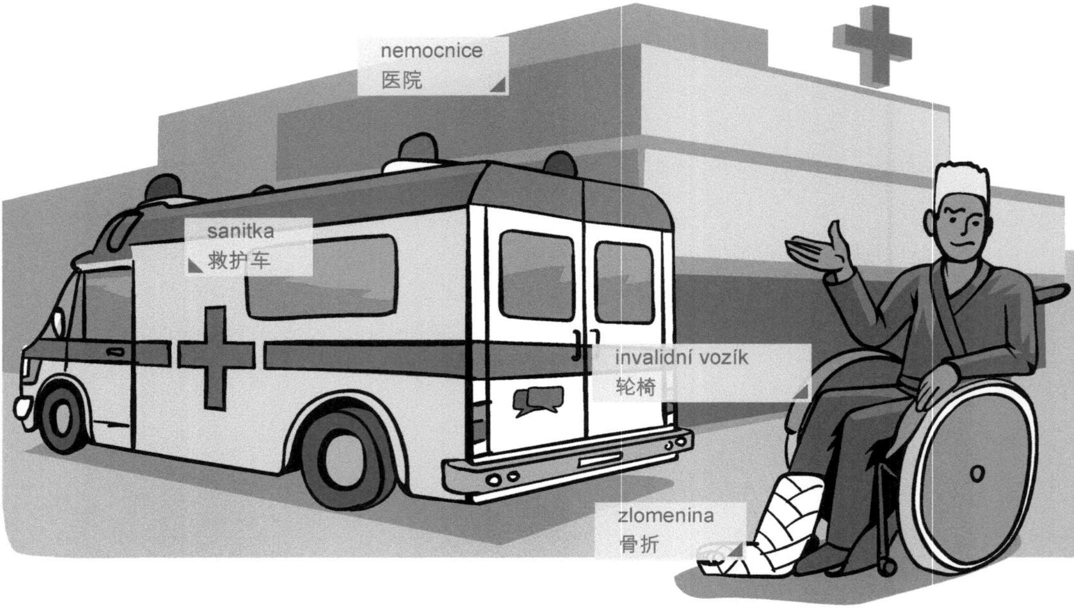

nemocnice
医院
sanitka
救护车
invalidní vozík
轮椅
zlomenina
骨折

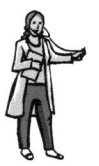

lékař

医生

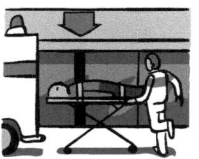

pohotovost

急诊室

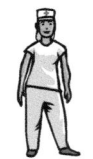

zdravotní sestra

护士

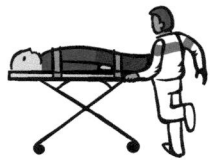

urgentní případ

紧急情况

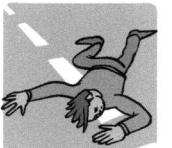

v bezvědomí

昏迷

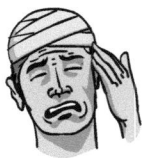

bolest

痛

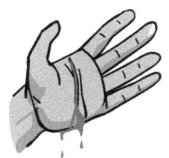

úraz

受伤

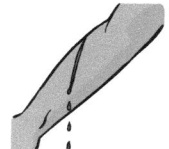

krvácení

出血

infarkt myokardu

心脏病发作

cévní mozková příhoda

中风

alergie

过敏

kašel

咳嗽

horečka

发烧

chřipka

流感

průjem

腹泻

bolest hlavy

头痛

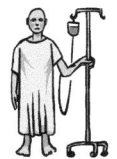

rakovina

癌症

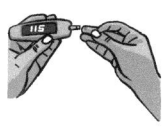

cukrovka

糖尿病

chirurg

外科医生

skalpel

手术刀

operace

手术

CT

CT

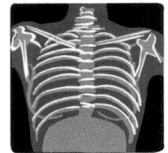

rentgen

X光

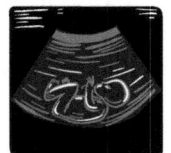

ultrazvuk

超声波

maska

口罩

nemoc

疾病

čekárna

候诊室

berle

拐杖

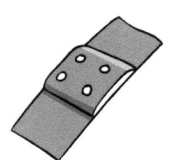

náplast

石膏

obvaz

绷带

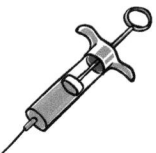

injekce

注射

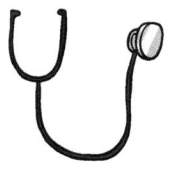

stetoskop

听诊器

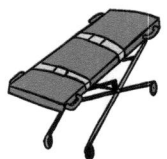

nosítka

担架

teploměr

体温计

porod

出生

nadváha

超重

naslouchátko

助听器

dezinfekční prostředek

消毒液

infekce

感染

virus

病毒

HIV / AIDS

艾滋病

lékařství

药物

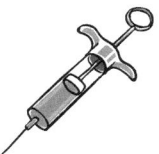

očkování

接种疫苗

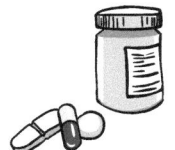

tablety

药片

pilulka

药丸

tísňové volání

急救电话

tonometr

血压计

nemocný / zdravý

生病/健康

Pomoc!

救命！

poplach

警报

přepadení

突击

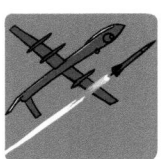

napadení

攻击

nebezpečí

危险

nouzový východ

紧急出口

Hoří!

着火啦！

hasicí přístroj

灭火器

nehoda

意外

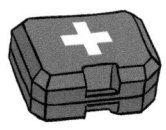

zdravotnická brašna

急救箱

SOS

呼救信号

policie

警察

Evropa

欧洲

Severní Amerika

北美洲

Jižní Amerika

南美洲

Afrika

非洲

Asie

亚洲

Austrálie

澳洲

Atlantik

大西洋

Pacifik

太平洋

Indický oceán

印度洋

Jižní ledový oceán

南冰洋

Severní ledový oceán

北冰洋

severní pól

北极

jižní pól

南极

Antarktida

南极洲

země

地球

pevnina

陆地

moře

海

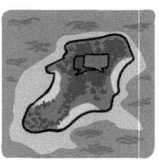

ostrov

岛

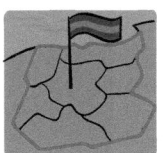

národ

国家

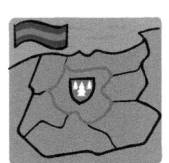

stát

国家

ciferník

钟面

hodinová ručička

时针

minutová ručička

分针

vteřinová ručička

秒针

Kolik je hodin?

现在几点？

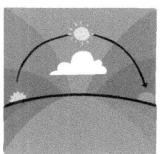

den

天

čas

时间

teď

现在

digitální hodinky

电子表

minuta

分

hodina

时

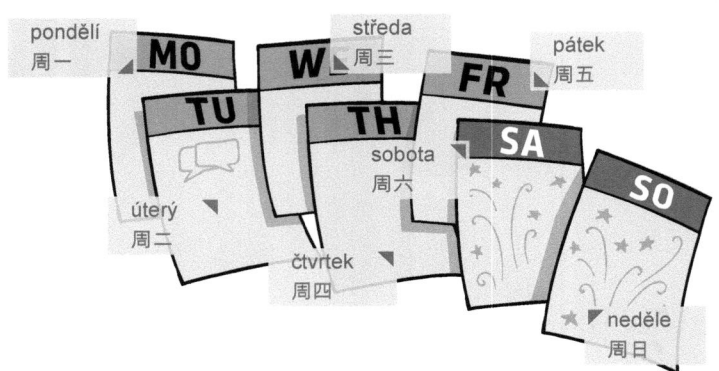

pondělí 周一
středa 周三
pátek 周五
TU
TH
sobota 周六
úterý 周二
čtvrtek 周四
neděle 周日

včera
昨天

dnes
今天

zítra
明天

ráno
早晨

poledne
中午

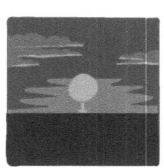

večer
晚上

pracovní dny
工作日

víkend
周末

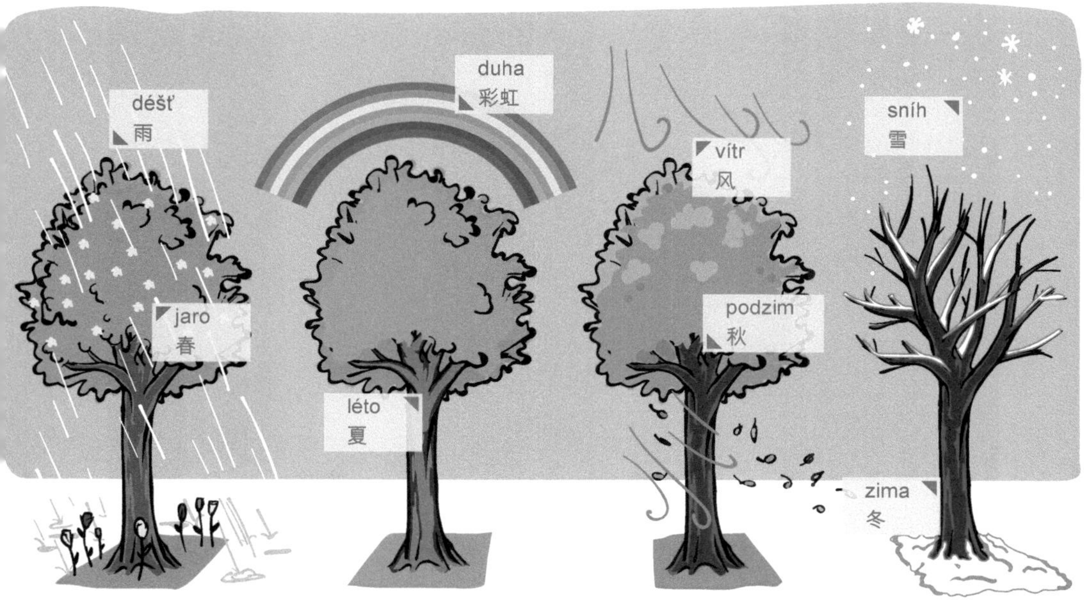

déšť
雨

duha
彩虹

vítr
风

sníh
雪

jaro
春

podzim
秋

léto
夏

zima
冬

předpověď počasí

天气预报

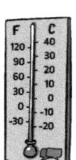

teploměr

温度计

sluneční svit

阳光

mrak

云

mlha

雾

vlhkost

潮湿

blesk

闪电

hrom

打雷

bouřka

风暴

kroupy

冰雹

monzun

季风

povodeň

洪水

led

冰

leden

一月

únor

二月

březen

三月

duben

四月

květen

五月

červen

六月

červenec

七月

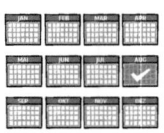

srpen

八月

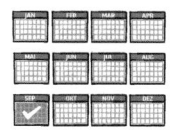

zář í
....
九月

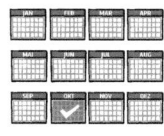

říjen
....
十月

listopad
....
十一月

prosinec
....
十二月

tvary

形状

kruh
....
圆形

čtverec
....
正方形

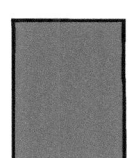

obdélník
....
长方形

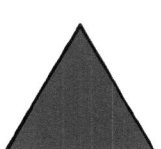

trojúhelník
....
三角形

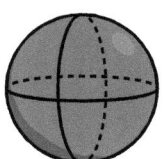

koule
....
球体

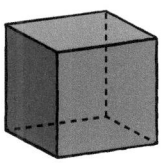

krychle
....
立方体

bílá

白

žlutá

黄

oranžová

橙

růžová

粉

červená

红

fialová

紫

modrá

蓝

zelená

绿

hnědá

棕

šedá

灰

černá

黑

hodně / málo

很多/少许

rozzuřený / mírumilovný

生气/平静

krásný / ošklivý

美/丑

začátek / konec

首/尾

velký / malý

大/小

světlý / tmavý

明/暗

bratr / sestra

兄弟/姐妹

čistý / špinavý

干净/肮脏

úplný / neúplný

完整/缺失

den / noc

白天/晚上

mrtvý / živý

死/生

široký / úzký

宽/窄

jedlý / nejedlý

可食用/非食用

zlý / hodný

邪恶/善良

vzrušený / znuděný

兴奋/无聊

tlustý / hubený

胖/瘦

nejdříve / naposledy

第一/最后

přítel / nepřítel

朋友/敌人

plný / prázdný

满/空

tvrdý / měkký

硬/软

těžký / lehký

重/轻

hlad / žízeň

饿/渴

nemocný / zdravý

生病/健康

ilegální / legální

非法/合法

inteligentní / hloupý

聪明/愚笨

vlevo / vpravo

左/右

blízko / daleko

近/远

nový / použitý

新/旧

nic / něco

没有/有些

starý / mladý

老/幼

zapnutý / vypnutý

开/关

otevřeno / zavřeno

打开/合上

tichý / hlasitý

安静/吵闹

bohatý / chudý

富/穷

správný / špatný

对/错

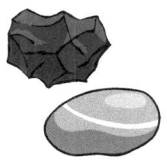

drsný / hladký

粗糙/光滑

smutný / šťastný

伤心/高兴

krátký / dlouhý

短/长

pomalý / rychlý

慢/快

vlhký / suchý

湿/干

teplý / chladný

温暖/凉爽

válka / mír

战争/和平

0

nula

零

1

jedna

一

2

dva

二

3

tři

三

4

čtyři

四

5

pět

五

6

šest

六

7

sedm

七

8

osm

八

9

devět

九

10

deset

十

11

jedenáct

十一

12
dvanáct
十二

13
třináct
十三

14
čtrnáct
十四

15
patnáct
十五

16
šestnáct
十六

17
sedmnáct
十七

18
osmnáct
十八

19
devatenáct
十九

20
dvacet
二十

100
sto
百

1.000
tisíc
千

1.000.000
milion
百万

angličtina

英语

americká angličtina

美式英语

standardní čínština

普通话

hindština

印地语

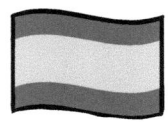

španělština

西班牙语

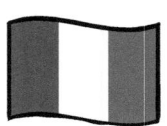

francouzština

法语

arabština

阿拉伯语

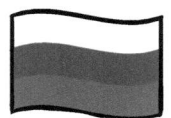

ruština

俄语

portugalština

葡萄牙语

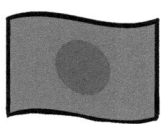

bengálština

孟加拉语

němčina

德语

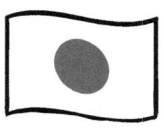

japonština

日语

já

我

ty

你

on / ona / ono

他/她/它

my

我们

vy

你们

oni

他们

Kdo?

谁？

Co?

什么？

Jak?

怎样？

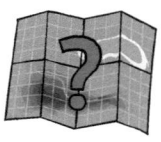

Kde?

哪里？

Kdy?

什么时候？

jméno

名字

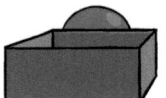

za

后面

do

里面

z

前面

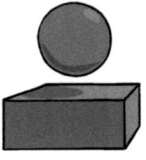

nad

上方

na

上面

mezi

下面

vedle

旁边

mezi

中间

místo

地点